Couverture inférieure manquante

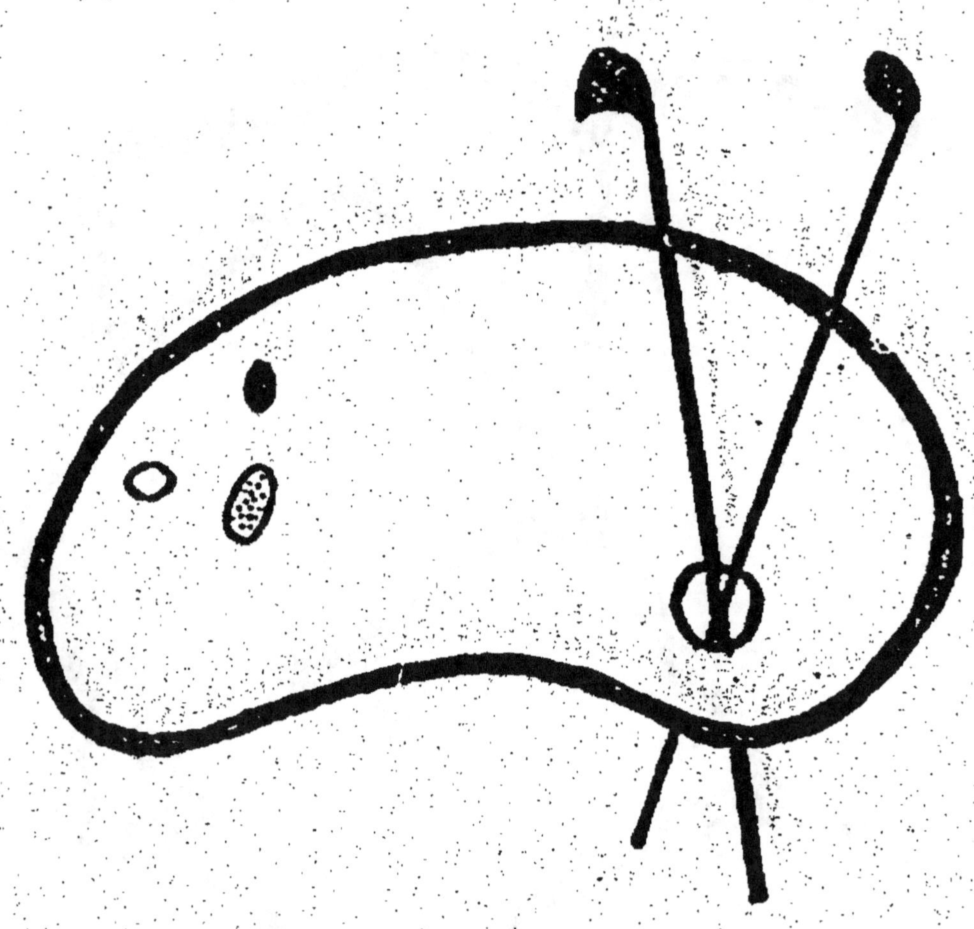

DEBUT D'UNE SERIE DE DOCUMENTS
EN COULEUR

RÉSUMÉ DES DÉBATS

POUR

LES PROPRIÉTAIRES OPPOSANTS

à l'impôt des égouts

CONTRE

LA VILLE DE MARSEILLE.

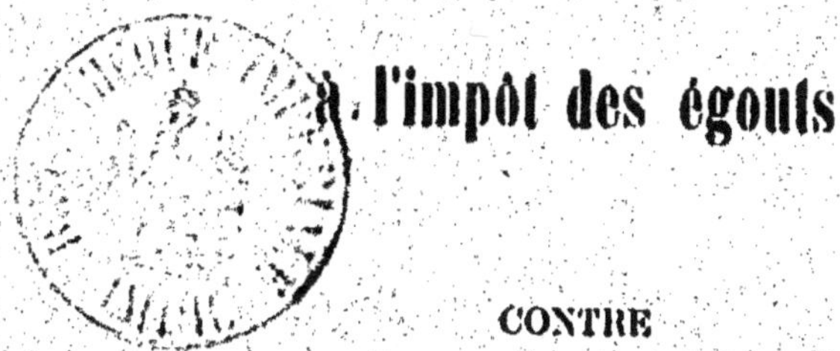

<hr>

MARSEILLE

TYP. ET LITH. BARLATIER-FEISSAT ET DEMONCHY,

Rue Venture, 19.

—

1868.

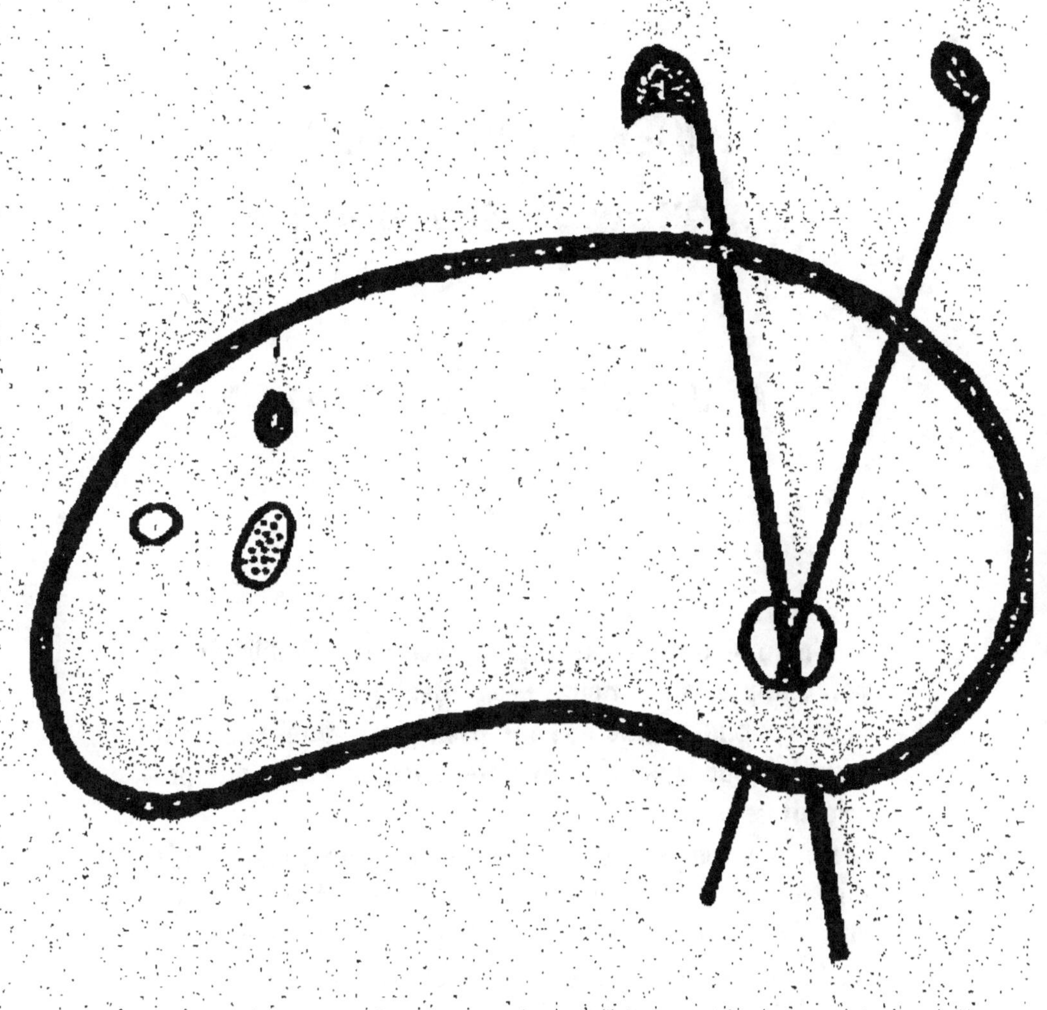

FIN D'UNE SERIE DE DOCUMENTS
EN COULEUR

RÉSUMÉ DES DÉBATS

POUR

LES PROPRIÉTAIRES OPPOSANTS

à l'impôt des égouts

CONTRE

LA VILLE DE MARSEILLE.

L'administration municipale a délibéré d'établir un impôt, une redevance pour l'usage des égouts existant sur la voie publique. Elle ne peut pas ignorer quel triste effet a produit sur la population cette charge imposée aux propriétaires.

De tout temps, l'usage des égouts avait été gratuit; sans doute il n'y avait pas beaucoup d'égouts dans la ville. Mais un grand nombre de propriétaires s'y étaient reliés par des égoûts particuliers et par des conduites, et l'administration municipale, qui trouvait dans cet écoulement souterrain les meilleures conditions de salubrité pour la voie publique, n'avait jamais exigé que l'on payât pour un fait si utile à l'intérêt public, tellement utile que dans d'autres grandes villes l'écoulement superficiel est interdit et que les propriétaires sont obligés de diriger les eaux des édifices riverains dans les égouts.

Dans l'exécution de cette fâcheuse mesure, les administrations qui se sont succédé ont montré une hésitation, une lenteur qui n'est pas ordinaire en pareille matière. Le Maire qui a proposé ce nouvel impôt, en a légué l'exécution à ses successeurs. L'impôt a été voté par le Conseil municipal et approuvé par le Préfet sans qu'on se soit occupé de le faire rentrer.

En résumé, cet impôt est délibéré et approuvé définitivement en 1859 et la perception n'a commencé qu'à la fin de 1863 et en 1864.

Cette hésitation n'a pu être expliquée que par des raisons véritablement inacceptables : la ville a prétendu que certains changements dans l'administration municipale et le peu d'égouts existant en 1859 à Marseille avaient retardé la mise en recouvrement, comme si la perception d'un impôt régulièrement voté pouvait être suspendu par un changement de maire, ou parce que l'on attend que le nombre des contribuables soit augmenté.

Mais de plus, on a pu lui répondre avec raison que les anciens égouts, bien que peu nombreux, desservaient une grande quantité de maisons : les allées, toutes les rues qui dominent cette vallée au midi et nord déversent presque toutes leurs eaux dans les anciens égouts.

Dans les nouveaux, il y a aussi un grand nombre de maisons qui ont profité des égouts construits en 1848 et dans les années suivantes.

Ajoutons enfin que la perception actuelle porte essentiellement sur les maisons qui déversaient leurs eaux bien avant 1859.

Il y avait donc ample matière à perception et on n'a rien perçu.

A quoi donc faut-il attribuer une lenteur et une hésitation dont nos administrations n'ont jamais donné d'exemple, si ce n'est à l'incertitude dont on n'a pu se défendre sur la légalité du nouvel impôt?

Il semble qu'en bonne justice, il suffisait de l'incertitude sur cette question de légalité, pour maintenir la gratuité de l'usage des égouts consacrée par un usage immémorial.

Il s'agit en effet d'égouts construits avec les deniers de tous : les propriétaires trouvant dans l'administration municipale le consentement au déversement des eaux dans les égouts, avaient établi leurs constructions d'après cette donnée, ce qu'ils n'auraient peut-être pas fait si on les avait soumis à une redevance.

Ces considérations auraient dû, abstraction faite de la question de droit, amener une solution opposée à celle qui a été prise.

Mais enfin l'impôt est maintenant mis en recouvrement, l'administration municipale l'exige comme chose due, il faut aborder la question de droit que cette exigence soulève.

Chose étrange ! les lois qui ont été visées dans l'arrêté de M. le Maire, ne sont pas celles qui servent de base à l'arrêté préfectoral qui approuve la délibération.

Mais l'arrêté préfectoral et la discussion de l'affaire devant le Tribunal ont précisé la question.

Le droit est exigé comme droit de voirie, d'après l'art. 32 de la loi sur l'administration municipale du 18 juillet 1837.

Est-ce ou n'est-ce pas un droit de voirie? Telle est la question.

Elle a été discutée dans tous ses détails à l'audience, il est utile de résumer cette discussion.

L'idée fondamentale de la défense de la ville et qu'elle a exprimée sous toutes les formes est celle-ci : Tout usage quelconque de la voie publique est susceptible d'être imposé par la commune à son profit. Ce n'est d'ailleurs, ajoute-t-elle, que le prix d'un service rendu.

C'est là une erreur capitale.

On peut le démontrer en deux mots.

Le Maire ou le Conseil municipal pourraient-ils imposer le fait de passer sur la voie publique, le fait de s'en servir pour aller d'un point de la ville à un autre ?

On n'a jamais élevé pareille prétention.

Il y a donc une restriction à faire au prétendu principe que tout fait quelconque d'usage de la voie publique est susceptible d'être soumis à une redevance.

Le point essentiel est de distinguer ce qui est susceptible de redevance et ce qui ne l'est pas.

On peut à cet égard poser comme règle que les citoyens doivent jouir gratuitement de la voie publique pour ce qui tient à sa destination.

A quoi donc est-elle destinée ?

A circuler d'abord, à servir de moyen de parvenir à tous les édifices riverains des rues.

On peut donc ouvrir des portes et des jours.

Ce n'est pas contesté.

Il faut ajouter encore une autre destination :

C'est l'écoulement des eaux, non-seulement pluviales, mais encore des eaux ménagères.

Pas la moindre difficulté pour les eaux pluviales, l'article 681 l'indique en termes formels et il faut bien remarquer que cet article ne pose pas cette destination comme étant une loi que le législateur aurait besoin d'établir en principe : il la suppose comme consacrée par un principe supérieur préexistant, comme une chose qui va de soi, qui est le simple exercice de l'usage résultant de la destination de la voie publique.

Il s'est élevé quelque dissidence sur les eaux ménagères.

Cependant les plus graves autorités reconnaissent cette destination à l'égal des eaux pluviales.

La ville a cité divers auteurs comme ayant émis un avis qui lui serait favorable : c'est par inadvertance qu'elle y a compris M. Proudhon.

Cet éminent jurisconsulte dit tout le contraire dans son *Traité du Domaine public :*

« La règle générale est que les habitants des lieux quel-
« conques peuvent faire dériver dans les rues publiques,
« soit les eaux pluviales tombant des couverts, soit les
« eaux ménagères qui découlent de l'intérieur des mai-
« sons. » (Vol. 4, p. 314, n° 1341.)

Le jugement rendu par le Tribunal de première instance de Marseille, le 12 mai 1865, le droit de verser sur la voie publique y a été formellement reconnu.

« Attendu, y est-il dit, qu'il est sans doute permis à cha-
« cun de faire de la voie publique tout l'usage compatible
« avec sa destination, comme d'y faire verser les eaux
« pluviales et même les eaux ménagères, sauf à l'autorité
« locale à prescrire des mesures pour que l'exercice de ce
« droit ne nuise pas à la commodité de la circulation et de
« la salubrité publique. »

L'écoulement des eaux ménagères est donc reconnu comme rentrant dans la destination des rues.

Dalloz, dans le *Recueil alphabétique*, v° *Prescription*, n° 186, a parfaitement expliqué le droit primordial qui, indépendamment de tout texte de loi, soumet la voie publique à certains usages dérivant de sa destination.

« N° 186. Il faut distinguer dans les villes, bourgs et
« villages le domaine communal qui comprend les diffé-
« rends biens de la commune qui sont aliénables et pres-
« criptibles (*Req.* 7 août 1834, 18 nov. 1831, aff. Re-
« mond.) Un domaine municipal public (qui comprend
« spécialement certains biens) : les rues, les quais, les
» places publiques, qui sont inaliénables et imprescripti-
« bles, parce qu'ils sont hors du commerce et abandon-
« nés, à titre de faculté sociale à tous les habitants (Nancy,
« 17 janv. 1840, conf. M. Féraud-Giraud, *Servitudes de*
« *voirie*, t. 2, n° 442, v. *Voirie*.)

« N° 187. On peut ouvrir sur ces lieux publics des
« jours, des portes, etc., y faire couler des eaux pluviales
« et ménagères (681); c'est là *l'usage naturel de ces sortes*
« *de propriétés.* Mais on ne pourrait, par prescription, ni
« en acquérir aucune portion, ni les grever de servitudes
« qui s'écarteraient de leur *destination naturelle.* »

Les rues, les quais, les places publiques sont faits pour
rendre possible la vie en commun dans les agglomérations
d'habitants. Elles sont une nécessité de la vie en société et
c'est à très-juste titre que Dalloz qualifie les usages aux-
quels la voie publique est destinée de *faculté sociale.*

Il est inutile d'entrer plus avant dans la discussion de ce
point, car le règlement de voirie du 17 février 1859, approuvé par arrêté préfectoral du 14 septembre suivant,
permet l'écoulement des eaux sales, pluviales et ménagères
sur la voie publique.

L'art. 54 consacre cette faculté en termes formels, soit
que la rue soit pourvue d'un trottoir, soit qu'il n'en existe
pas.

Dans le premier cas, l'art. 54 exige que les eaux soient

conduites dans le ruisseau de la rue, au moyen d'une gargouille sous le trottoir.

Dans le second, les eaux doivent être conduites du tuyau de descente au ruisseau par un ruisseau transversal.

Le règlement permet même de conduire les eaux sales, pluviales et ménagères dont le niveau serait inférieur au sol de la voie publique, au moyen d'une conduite longitudinale aboutissant à un point du ruisseau d'un niveau plus bas.

Aussi, en supposant même que ce droit à l'écoulement des eaux ménagères pût être l'objet d'une prohibition au point de vue de la police des rues, en fait, ce droit a toujours existé et il existe à Marseille : il n'a jamais été et il n'est pas l'objet d'une interdiction. Les prohibitions de déversement sur la voie publique et dans les égouts, se bornent, d'après l'article 60 du règlement, aux matières fécales et à tout liquide qui pourrait nuire à la salubrité et à l'égout.

Voilà donc le droit bien établi aussi bien pour les eaux sales et ménagères que pour les eaux pluviales.

Mais il est incontestable que l'exercice de ce droit peut devenir nuisible au public, soit à raison de la saleté des eaux, soit à raison de la quantité.

Ces inconvénients devaient surtout se produire avec un certain degré de gravité dans une grande ville.

Les administrations municipales ont été alors amenées à réglementer le droit des riverains, à chercher un équivalent à la faculté et au droit dont ils allaient être privés dans l'intérêt public.

Ainsi, pour les eaux pluviales, le premier état a été la chute des eaux pluviales de la toiture sur la rue.

L'administration municipale a exigé que ces eaux fussent recueillies dans une goutière placée à l'extrémité de la toiture et conduite sur le sol de la voie publique par des tuyaux de descente placés le long du mur de face.

On s'est aperçu que l'eau qui s'échappait avec force du tuyau de descente inondait le sol de la voie publique et en rendait l'usage très-incommode ; l'administration a exigé que les eaux fussent conduites par une rigole placée sous le trottoir jusqu'au ruisseau.

Et pour parer à l'inconvénient de la quantité des eaux pluviales en cas de pluies abondantes, l'administration municipale a créé sur beaucoup de points des bouches d'égouts le long des trottoirs pour débarrasser la voie publique de ces eaux.

Il y a eu là une réglementation du droit, un équivalent au droit primordial et cette réglementation n'a été frappé d'aucun impôt.

Pour ce qui est de l'excès des eaux pluviales de la voie publique et des eaux sales soit publiques, soit privées, les villes ont fait construire des égouts au moyen des ressources municipales offrant ainsi un moyen nouveau d'écoulement à toutes les eaux. En ce qui concerne les eaux sales et ménagères privées, elles ont profité de leurs égouts pour délivrer les rues de ces eaux et elles ont obligé les propriétaires à ne plus écouler ces eaux sur la voie publique et à les conduire dans les égouts.

La ville de Paris a fini par rendre un arrêté qui interdit cet écoulement sur le sol des rues là où il y a des égouts.

Des propriétaires de Paris, qui avaient jusqu'alors fait écouler leurs eaux sales à ciel ouvert, ont présenté une pétition au sénat pour contester le pouvoir de l'administration.

Cette pétition a été rejetée.

Les principes que nous soutenons dans cette discussion ont été reconnus.

Le passage suivant résume l'avis de la Commission.

« Les rues d'une ville peuvent être considérées par les propriétaires des maisons qui les bordent comme le fonds inférieur qui, d'après le Code, doit recevoir leurs eaux. Mais l'administration a le droit d'exiger que cet épanchement des eaux soit fait de manière à ne compromettre ni la salubrité, ni la sécurité de la circulation. Elle peut donc exiger soit la désinfection préalable des eaux ménagères, leur emmagasinement dans l'intérieur des maisons en temps de gelée, soit leur écoulement souterrain dans les égouts. On s'est arrêté à ce moyen le plus économique et le moins vexatoire pour la propriété. »

Nous pouvons ajouter à cette opinion si remarquable les deux autorités suivantes :

Pardessus, *Traité des servitudes*, t. 1, n° 91.

« Il existe dans les villes, et en général partout
« où les habitations des hommes sont réunis, des
« égouts publics destinés à recevoir les eaux des rues,
« et dans lesquels les citoyens, non seulement peuvent
« *mais doivent conformément aux règlements de police,*
« *jeter les immondices de leurs maisons.* »

Perrin, *Code des constructions*, v° Contiguïté, n° 1428.

« Chaque habitant *peut* et *doit même, en conformité*
« *des règlements de police, jeter les immondices de sa*
« *maison dans les égouts publics.* Quels que soient les
« désagréments que les voisins en puissent éprouver,

« ils ne peuvent s'en plaindre, qu'alors que les règle-
« ments de police ont été transgressés. »

Mais il faut bien remarquer que dans ces mesures
prises pour obvier aux inconvénients des droits des
riverains quant à la destination de la voie publique,
le maire agit comme préposé à la police, à la salubrité
de la cité.

Ces mesures ne donnent pas lieu à une redevance.
Elles ont pour but non la suppression, mais la réglementation de la servitude. C'est toujours la conséquence
de la destination de la voie publique appropriée aux
nécessités et aux besoins d'une grande agglomération.
Ces mesures imposées pour la modification du droit
et de la faculté des riverains ne sont pas plus susceptibles d'impôt que le droit lui-même.

Aussi la ville de Paris n'a-t-elle rien exigé des propriétaires pour l'usage des égouts même quant aux
eaux sales et ménagères. Elle a laissé à la charge des
propriétaires la dépense des travaux qui mettent la
maison en communication avec l'égout, mais l'usage
de l'égout est resté gratuit, soit pour la dépense de
premier établissement, soit pour l'entretien.

La ville de Marseille avait adopté ces principes pour
règle de sa conduite envers ses administrés. De temps
immémorial elle avait admis tous les propriétaires qui
pouvaient se raccorder avec les égouts, à y déverser
les eaux sales et ménagères. Jamais elle n'avait eu
la pensée d'exiger un impôt pour une amélioration
exécutée aux frais de tous et pour l'intérêt général.

On ne saurait trop regretter, d'après le passage
que nous venons de citer du rapport fait au Sénat,
que notre administration municipale, ne se soit pas mieux

pénétrée de l'idée que son devoir était, comme on l'a dit de la ville de Paris au Sénat, de prendre *le moyen le plus économique* pour les propriétaires et qu'elle ait cru pouvoir être plus exigeante que ne l'a été l'administration de la capitale.

La ville peut-elle, comme elle l'a fait si souvent, exciper du service qu'elle rendrait aux propriétaires en construisant des égouts et dire : l'impôt que je demande est le prix d'un service rendu ?

D'abord telle n'a pas été l'intention de l'administration municipale : elle a construit des égouts pour recueillir les eaux pluviales qui, lors des pluies abondantes, rendaient certains quartiers tout-à-fait impraticables : elle les a faits pour délivrer la voie publique des eaux sales et ménagères.

L'écoulement de ces eaux par les égouts n'a été pour nous, propriétaires, que l'équivalent, la réglementation du droit que nous avions de les faire écouler sur la voie publique.

Aussi la ville a construit ses égouts sans faire aucun appel à une contribution de la part des propriétaires riverains des rues. C'étaient pour eux des droits réglementés, et par conséquent encore des droits.

Il faut donc écarter cette prétention d'un service rendu.

La ville a ensuite posé comme principe général que tous les droits pouvaient être frappés d'impôt : elle a cité comme exemple l'impôt des portes et fenêtres.

Ce principe est sans doute vrai pour l'Etat. Qu'un droit quelconque, qu'une des facultés les plus usuelles de la vie en société, soit frappé d'un impôt par le pouvoir législatif, il faudra bien se soumettre, comme on se soumet à tous les impôts régulièrement votés.

C'est ainsi que l'impôt des portes et fenêtres est légalement établi au profit de l'Etat.

Mais s'en suivrait-il que parce que les portes et les fenêtres ont leur ouverture sur la voie publique et qu'elles y prennent air et jour, la Mairie aurait le droit d'établir un droit de voirie sur les portes et sur les fenêtres?

Nullement et on ne l'a jamais prétendu.

Les administrations municipales ont-elles jamais fait contribuer les propriétaires aux dépenses de pavage et d'éclairage de la voie publique ?

Jamais.

Il faut donc réserver pour l'Etat ce principe que tout droit et toute faculté peuvent être imposés : l'impôt pourra être trouvé vexatoire, mais dès qu'il est régulièrement voté, il devient obligatoire.

Mais la commune n'a pas comme l'Etat la plénitude du pouvoir d'imposer ; elle n'est à cet égard qu'un pouvoir d'exception : il faut qu'elle puise dans une loi le droit d'établir tel ou tel impôt.

La commune ne peut pas même dire : je peux au moins imposer tout usage de la voie publique. Elle ne trouvera dans aucune loi un pareil principe, bien qu'il soit moins général que celui que nous avons reconnu vrai pour l'Etat.

Ce qu'elle trouvera dans la loi, c'est une énumération des diverses catégories de produits qu'elle a le droit de percevoir : et c'est un cercle dont elle ne peut pas sortir.

Cette erreur que tout ce qui touche à la voirie peut être imposé, nous la retrouvons dans le jugement du Tribunal de première instance de Marseille.

Nous venons démontrer que c'est une opinion contraire aux principes.

Tout ce que nous venons de dire peut se résumer en deux mots :

1º L'usage légitime de la voie publique, l'usage conforme à sa destination, n'est pas susceptible d'être imposé : cet usage peut être réglementé, entouré de précaution dans l'intérêt de la salubrité publique ; mais jamais il ne peut être la base d'une rétribution pour la ville.

2º Ni cet usage, ni les mesures réglementaires de cet usage ne sont des services rendus.

3º Tous les droits ne sont pas susceptibles d'impôt pour une commune : elle ne peut exiger que ceux que la loi l'autorise à percevoir.

Cela posé, nous demandons à la ville à quel titre elle veut imposer l'usage des égouts.

Elle nous répond que c'est à titre de droits de voirie autorisés par le numéro 8 de la loi du 18 juillet 1837.

Qu'est-ce donc que les droits de voirie? sur quoi peuvent-ils porter ?

Serait-il vrai que les droits de voirie pourraient porter sur tout avantage qu'on peut tirer de la voie publique ?

Il faudrait d'abord, d'après ce que nous venons de démontrer, retrancher l'usage de la voie publique résultant de sa destination et les mesures réglementaires de cet usage.

Les droits de voirie comprendraient-ils au moins tout usage autre que celui qui dérive de la destination? Non : ce serait encore trop général. Nous voyons en effet dans la loi de 1837 des paragraphes consacrés au produit des droits de place perçus dans les halles, foires, marchés, abattoirs, aux permis de stationnement, aux locations sur la voie publique, sur les ports, rivières et autres lieux publics.

Ce sont des usages de la voie publique et ce ne sont pas des droits de voirie, car pourquoi le législateur leur aurait-il consacré des numéros distincts et des mentions spéciales ?

Il faut donc réduire le droit de voirie à ce qu'il est réellement.

Dans l'origine, suivant l'édit de 1607, les droits de voirie étaient restreints à la représentation des salaires payés aux agents-voyers.

La loi de 1837 a voulu les étendre et en faire un revenu pour les communes ; mais cette extension n'a jamais eu pour objet d'englober sous cette dénomination tous les avantages que l'on pouvait retirer de la voie publique, autres que ceux résultant de sa destination.

Il résulte de l'énumération faite dans l'article 32 de la loi de 1837, que les seuls objets qui restent comme rentrant dans la catégorie des droits de voirie, ne sont que les saillies ou avancements fixes ou mobiles en dehors de la ligne d'aplomb du parement du mur, ainsi que la délivrance des alignements et les permissions de bâtir.

Cette conséquence trouve sa confirmation définitive dans la circulaire du ministre de l'intérieur sur l'exécution de la loi de 1837 en ce qui concerne les droits de voirie.

Le ministre, expliquant lui-même ce qu'il avait déjà dit à la Chambre, en parlant des droits de voirie, écrit à Messieurs les Préfets :

« Ces droits, vous le savez, s'appliquent à la délivrance
« des alignements et permissions de bâtir ou réparer et
« s'étendent à toutes les saillies fixes ou mobiles que les
« propriétaires sont autorisés à établir en dehors de la
« ligne d'aplomb de leurs édifices. »

Voilà ce que sont les droits de voirie :

Y a-t-il là un mot qui touche à la question que
présente le procès, la question de savoir si, lorsque les
nécessités d'une grande ville mettent le maire dans le
cas de réglementer le droit des riverains sur la voie
publique par des mesures de police, ces mesures qui
réglementent le droit peuvent être frappées d'un impôt.

Car enfin voilà la vraie question que le procès
présente.

Il est donc évident que la loi de 1837 n'a rien
changé aux principes sur la nature des choses, et
par conséquent sur la destination de la voie publique,
sur les droits des propriétaires et sur la nature du
pouvoir de police quant aux modifications que ces
droits peuvent subir dans une grande ville.

En résumé :

1° Usage de la voie publique par des riverains suivant sa destination ;

Il est nécessairement gratuit et nulle part cet usage
n'est soumis à une redevance ;

2° Pouvoir des maires, comme chargés de la police
de la cité, de réglementer les usages de la voie publique,
tels qu'ils résultent de sa destination et d'y apporter
les modifications utiles ou nécessaires pour remédier

aux inconvénients qui seraient la conséquence de l'exercice des droits ou facultés des riverains.

Cette réglementation ne change rien à la nature des choses, c'est toujours le droit et les facultés des riverains, bien que réglementés, et dès lors ils restent encore insusceptibles de servir de base à un impôt.

De plus, cette réglementation ne peut pas s'appeler un service rendu, c'est toujours un droit, bien qu'il soit réglementé.

3° Enfin, et c'est là le principe dominant en cette matière, tout ce qui peut se faire et se pratiquer sur la voie publique n'est pas susceptible d'impôt, au profit des communes, elles ne peuvent percevoir que les impôts spécialement autorisés pour elles par une loi.

Spécialement les droits de voirie ne comprennent pas tous droits à percevoir sur ce qui peut se pratiquer sur la voie publique : les droits de voirie ne forment qu'une catégorie de ceux qui peuvent être perçus à raison de l'usage de la voie publique, et ces droits ont été parfaitement définis par le ministre chargé de l'exécution de la loi de 1837.

Les droits sur l'usage des égouts ne font pas partie des droits de voirie.

A tous ces titres, aucun impôt ne peut être exigé pour cet usage.

Marseille. — Typ. et Lith. Barlatier-Feissat et Demonchy.